Profession bibliothécaire

Collection dirigée
par Benoît Melançon

Catalogage avant publication de Bibliothèque et Archives
nationales du Québec et Bibliothèque et Archives Canada

Beaudry, Guylaine

  Profession, bibliothécaire

  (Profession)
  Comprend des réf. bibliogr.

  ISBN 978-2-7606-3117-5

1. Bibliothécaires. 2. Bibliothéconomie - Pratique. 3. Bibliothéconomie - Aspect social. I. Titre. II. Collection : Profession
(Montréal, Québec).

Z682.B42 2012   020.23   C2012-941627-4

Dépôt légal: 3e trimestre 2012
Bibliothèque et Archives nationales du Québec
© Les Presses de l'Université de Montréal, 2012

ISBN (PAPIER) 978-2-7606-3117-5
ISBN (PDF) 978-2-7606-3118-2
ISBN (EPUB) 978-2-7606-3119-9

Les Presses de l'Université de Montréal reconnaissent l'aide financière du gouvernement du Canada par l'entremise du Fonds du livre
du Canada pour leurs activités d'édition.
Les Presses de l'Université de Montréal remercient de leur soutien
financier le Conseil des arts du Canada et la Société de développement des entreprises culturelles du Québec (SODEC).

IMPRIMÉ AU CANADA EN AOÛT 2012

GUYLAINE BEAUDRY

Profession
bibliothécaire

Les Presses de l'Université de Montréal

Une profession aux mille visages

L e fossé entre l'image et la pratique du bibliothécaire est profond. Quelle est la raison d'être du
bibliothécaire? Quelle est sa contribution à la société?
Maintenant qu'Internet est bien entré dans nos vies,
avons-nous encore besoin des bibliothèques et des
bibliothécaires? Voilà les questions auxquelles je
cherche à répondre dans ce livre.

La fonction de bibliothécaire a beaucoup évolué
depuis l'Antiquité de la bibliothèque d'Alexandrie
jusqu'aux bibliothèques numériques. La définition
usuelle du terme («personne qui travaille dans une
bibliothèque», *Le Grand Robert de la langue française*)
ne donne qu'une idée bien vague de cette profession
aux mille visages.

En ce moment, des bibliothécaires réalisent des
activités ou assument des responsabilités telles que:

- enseigner aux élèves comment chercher et évaluer
  des sources d'information et des publications de
  qualité;
- présenter l'«heure du conte» à un groupe d'enfants;
- procéder à l'évaluation de la valeur financière d'un
  fonds de livres anciens;
- participer à la numérisation du patrimoine éditorial d'une société;

- créer un système d'information Web et un site mobile à l'usage d'avocats spécialisés en droit du travail;
- implanter un programme de prêt de tablettes électroniques;
- négocier avec les représentants d'un réseau de bibliothèques pour la vente d'un service de catalogue centralisé;
- procéder à l'acquisition de livres imprimés et numériques, de DVD et de jeux vidéo;
- défendre et gérer un budget qui dépasse 30 millions de dollars annuellement et avoir sous sa responsabilité près de 300 personnes;
- participer à une réunion avec les acteurs sociaux d'un quartier difficile pour mettre en place des mesures favorisant la réussite et la persévérance scolaires des jeunes;
- travailler en collaboration avec un architecte et un ingénieur à l'élaboration du programme des espaces en vue de la construction d'une nouvelle bibliothèque.

Je mesure la difficulté de présenter une réalité aussi complexe et différenciée. Je fais le pari de décrire cette profession riche de possibilités en présentant ses valeurs, ses responsabilités et ses actions, en levant le voile sur le plus grand nombre possible de visages de bibliothécaires.

La pratique du bibliothécaire reflète son engagement dans une communauté. Cet engagement s'exprime de multiples façons, allant du développement de programmes d'alphabétisation, de programmes d'animation culturelle ou d'activités d'aide aux devoirs, jusqu'à la contribution à des mesures d'intervention sociale, le plus souvent en partenariat avec les acteurs sociaux d'une communauté. Il n'y a pas de limite aux services qu'un bibliothécaire peut créer pour faciliter l'accès à la culture et à l'information. Cela peut aller jusqu'à offrir un service de prêt de lunettes de lecture, comme certaines bibliothèques de Montréal le font, ou à faire entrer dans la bibliothèque des consoles et des jeux vidéo pour répondre aux besoins des adolescents et les mettre en contact avec un lieu de culture.

Dans tous ses gestes au quotidien, le bibliothécaire incarne les valeurs universelles de la profession. La plus importante de toutes est de garantir le droit fondamental à la liberté intellectuelle, à la libre pensée, c'est-à-dire le droit d'accéder à toutes les formes d'expression des savoirs et de la culture, et d'exprimer ses pensées en public. Ce droit à la libre expression et à la liberté de conscience est le pilier sur lequel repose la *Charte des droits du lecteur* que les associations québécoises de la profession adoptaient en 1976 et qui n'a pas pris une ride depuis. Cette charte commande aux administrateurs et au personnel des bibliothèques de garantir et de faciliter l'accès à toute forme et à tout moyen d'expression du savoir, de garantir ce droit d'expression dans l'ensemble des services offerts et de s'opposer à toute tentative visant à limiter ce droit à l'information et à la libre expression. Cette dernière implique de reconnaître aux individus et aux groupes le droit à la critique, indispensable condition pour l'exercice d'une citoyenneté engagée.

L'accès pour tous à l'information, le respect de la confidentialité, la protection des renseignements personnels des lecteurs ainsi que le respect de la liberté d'opinion et de pensée sont des valeurs fondamentales de la profession. Elles s'appliquent aussi aux collections en assurant la plus grande neutralité possible dans leur développement et leur classification.

Bien que tous les bibliothécaires détiennent un diplôme de maîtrise en sciences de l'information, ce ne sont pas tous les diplômés de cette discipline qui pratiquent en bibliothèque. Les besoins de collecte, d'organisation et de diffusion de l'information sont présents dans toutes les institutions publiques et les entreprises privées. Dans cet ouvrage, je me limite à présenter ce bibliothécaire que nous pouvons définir comme le professionnel qui pratique en bibliothèque. Je ne veux en rien diminuer l'importance et le rôle des collègues qui œuvrent en d'autres lieux et que l'on désigne parfois par le titre de «professionnels de l'information». Les raisons de ce choix tiennent aux particularités de cette pratique, des enjeux actuels importants pour la société qui mobilisent la profession, et parce que c'est le rôle le plus courant des diplômés des sciences de l'information et celui que je connais le mieux.

Une bibliothèque, c'est beaucoup plus qu'un dépôt de livres et un service de prêt. Dans les mutations en cours, tant sociétales que technologiques, des enjeux majeurs apparaissent quant à l'accès à l'information et à la culture, à la numérisation de nos patrimoines, à leur préservation et à la perpétuation du développement du bien commun. Les bibliothécaires ont un rôle clé à jouer pour répondre à ces enjeux.

Ce livre s'appuie sur deux axes principaux: les rôles et les responsabilités des bibliothécaires et les enjeux de la profession. Le premier chapitre porte sur la définition de la discipline. Le deuxième décrit différents milieux de pratique et les principales institutions documentaires. Le troisième présente plus particulièrement les responsabilités et les tâches du bibliothécaire. Le quatrième est consacré au numérique.

Je suis devenue bibliothécaire en suivant les hasards et les bonheurs de mon parcours. Après des études collégiales et un premier cycle universitaire en musique, je me suis inscrite à la maîtrise en bibliothéconomie et sciences de l'information en n'ayant

qu'une idée parcellaire des possibilités de cette profession. Comme plusieurs de mes collègues, je faisais
l'association entre les mots bibliothèque et bibliothécaire, sans beaucoup plus. Très rapidement, les cours,
les discussions avec les professeurs et avec les étudiants, les rencontres avec les bibliothécaires déjà en
pratique et mes lectures m'ont fait découvrir la vaste
étendue de ma nouvelle discipline et ses innombrables
possibilités.

Le contexte particulier d'un passage d'une ère
technologique à une autre fait de la période présente
une des plus stimulantes qui soit pour être bibliothécaire. Je me rappelle l'émerveillement et l'excitation
ressentis, au début des années 1990, alors que nos professeurs, mes collègues et moi découvrions ensemble
les développements du Web. En particulier, je me suis
intéressée au numérique et à la publication des revues
et des livres en ligne. Nous discutions avec enthou-
siasme des moyens à prendre pour créer, enfin, une
bibliothèque comportant tout ce qui a été publié.
Nous avions l'impression que le temps était venu de
réaliser ce rêve qui procurerait le «bonheur extrava-
gant» dont parle Borgès dans «La Bibliothèque de
Babel» et que le numérique rendrait possible la
construction de la bibliothèque de tous les savoirs et
de toutes les cultures. Arrivée au mitan de ma carrière, c'est encore ce rêve qui m'anime, comme plusieurs de mes collègues.

Cette expertise développée en édition numérique
m'a amenée à contribuer à la conception et à la réalisation d'une des premières plateformes d'édition de
revues numériques, Érudit (www.erudit.org), à l'Université de Montréal. Les treize premières années de ma
carrière, à la barre d'Érudit, ont été consacrées à
numériser et à rendre disponibles le plus largement
possible les résultats de la recherche publiés au Québec.

Ainsi, j'ai été directrice d'une bibliothèque numérique, dont l'équipe était constituée de bibliothécaires, d'informaticiens et de techniciens en édition.

À la suite d'un doctorat en histoire du livre portant sur la transition au numérique du système de communication scientifique, j'ai entamé en 2009 le second segment de ma carrière à la direction de la Bibliothèque Webster de l'Université Concordia. Mon travail consiste en la responsabilité d'une bibliothèque bâtie, très fréquentée et faisant face à un réel problème de pénurie d'espace. Dans le même temps, les enjeux liés au numérique sont toujours présents au quotidien, dans tous les services qui y sont offerts.

À travers ce parcours, je me suis impliquée dans les associations professionnelles des milieux documentaires, notamment comme présidente de la Corporation des bibliothécaires professionnels du Québec de 2008 à 2011, à l'Association pour l'avancement des sciences et techniques de la documentation, ainsi que par la création, avec quelques collègues, du Congrès des milieux documentaires du Québec, qui regroupe neuf associations professionnelles de bibliothécaires, d'archivistes et de techniciens en documentation. Cette implication est riche d'enseignements et de relations personnelles et professionnelles fructueuses. S'il est vrai que la réalité de chacun de nos milieux est bien différente, les discussions avec mes collègues des bibliothèques publiques, des commissions scolaires ou des milieux de l'entreprise m'amènent souvent à voir d'un œil différent les questions qui se posent dans mon propre milieu. Après tout, dans tous les milieux, le rôle du bibliothécaire est de mettre en relation des lecteurs et des publications ou de l'information, en utilisant la boîte à outils qui lui est propre et en respectant les valeurs de sa profession.

Plusieurs personnes m'ont inspirée et aidée à un moment ou un autre de la rédaction de ce livre. Je pense en premier lieu aux bibliothécaires du Québec et d'ailleurs que j'ai croisés, et en particulier à mes collègues de l'Université Concordia, pour leur exemplaire dévouement et leur engagement à servir leurs lecteurs. Je remercie Gaston Bernier, Claude Bonnelly, Joanne Déry, Jocelyne Dion, Louise Guillemette-Labory et Stéphane Legault pour avoir partagé avec moi des moments de leurs pratiques. Le directeur des Bibliothèques de l'Université Concordia, Gerald Beasley, m'a permis de dégager un peu de temps à consacrer à l'écriture de ce livre. Je lui exprime ici ma plus vive reconnaissance pour ce privilège. Yvon-André Lacroix, Suzanne Payette et Guy Teasdale m'ont fait la grande amitié de lire et de commenter une version antérieure de ce texte. Je les remercie chaleureusement pour leurs bons conseils et les discussions intéressantes que nous avons eues. Toutefois, je reste seule responsable des erreurs et des omissions. Enfin, mon infinie tendresse et ma profonde gratitude vont à l'homme de ma vie, Gérard Boismenu, pour sa lecture intransigeante et toutes ces heures de discussion sur nos façons différentes, mais complémentaires, de vouloir changer le monde.

1

Un champ de pratique des sciences de l'information

Définir une discipline est toujours périlleux. L'exercice est particulièrement risqué à un moment où les frontières s'estompent et qu'une redéfinition est en cours. Le numérique entraîne des bouleversements majeurs dans tout ce qui touche la pratique des bibliothécaires. Loin de constituer une menace, cette nouvelle ère numérique est génératrice d'un renouveau enthousiasmant de la discipline, de la profession et de la raison d'être des bibliothèques.

De la bibliothéconomie...

— Je suis étudiante à la maîtrise en bibliothéconomie.

— Hum... intéressant. Mais c'est quoi au juste la bibliothéconomie?

Tel est le début d'un dialogue connu de plusieurs bibliothécaires.

Lorsque de telles questions se posent, il est souvent utile de recourir à l'étymologie. Le terme «bibliothéconomie» est une composition des mots «bibliothèque» et «économie», du grec *oikonomos*, puis du latin *œconomia*, «organisation, disposition». Selon le

Trésor de la langue française, il s'agit de la discipline groupant l'ensemble des connaissances et techniques qu'exige la gestion d'une bibliothèque.

La bibliothéconomie est donc un champ de pratique et non une science. Son objet est la bibliothèque, comme lieu physique et comme espace numérique. Elle se rattache aux sciences de l'information, que nous définirons dans la prochaine section de ce chapitre, où elle puise des théories et des résultats de recherche pour le développement et l'amélioration des services qu'elle offre.

Cette définition de la bibliothéconomie comporte quatre composantes qui interagissent entre elles: les collections, la bibliothèque comme lieu physique, les usagers ou clients et les savoir-faire bibliothéconomiques.

Les collections des bibliothèques sont multiformes. Elles comportent souvent plus de documents numériques que d'imprimés, en plus d'autres supports (enregistrements sonores, jeux, ouvrages en braille ou microformes).

Contrairement à ce que certains prophètes de malheur ont pu annoncer, l'arrivée d'Internet et du Web n'a pas diminué la pertinence des bibliothèques comme lieux physiques. Les exemples de fréquentation record et de construction de nouvelles bibliothèques sont légion, au Québec comme dans plusieurs pays.

Les usagers ou clients constituent la troisième composante et le socle de notre définition de la bibliothéconomie en ce qu'ils déterminent toutes ses actions. La définition de la mission, la planification stratégique, le développement des collections, l'aménagement des lieux, les services, les heures d'ouverture, et plus encore, toutes les décisions se prennent en fonction des usagers et des clients. L'offre de services se définit et évolue en tenant compte des réalités d'une collectivité et d'un public, et de leurs besoins. La bibliothèque, ses collections et ses services varient selon qu'ils sont destinés à des enfants, à des étudiants d'une université et à des chercheurs, ou à une communauté au sein d'une ville. Une université offrant des programmes de médecine ou de droit commande des collections particulières. Une bibliothèque de quartier dont la population est plus âgée ou une autre construite dans un nouveau quartier où vivent de jeunes familles nécessitent des collections et des services qui leur sont propres.

Le quatrième et dernier élément de la définition repose sur les savoirs et les savoir-faire bibliothéconomiques. Marc Joanis, mon premier patron à l'Université de Montréal, m'a dit un jour que la nature généraliste de la profession l'avait incité à devenir bibliothécaire. Il avait raison. Le quotidien du bibliothécaire est fait d'activités résolument pluridisciplinaires et variées. Les savoir-faire bibliothéconomiques ont trait à l'organisation des publications et de l'information, sur tout support — manuscrit, imprimé ou numérique —, au choix des acquisitions de ressources documentaires, à leur classification, leur conservation et leur diffusion. La dimension économique de ces activités, de manière générale, mais particulièrement le choix et l'acquisition, est d'une grande importance. Pour un bibliothécaire ayant des responsabilités de gestion, les considérations budgétaires sont très présentes, en plus de plusieurs autres aspects: la gestion de plusieurs types de personnel (commis, techniciens et professionnels), le développement de services et de projets de collaboration avec d'autres bibliothèques, la représentation de la bibliothèque au sein de l'établissement, de la ville, et, surtout ces années-ci, la définition des nouveaux modèles pour l'évolution des bibliothèques.

La capacité de collaboration et de travail en commun des bibliothécaires est remarquable. Par les associations professionnelles locales, nationales et internationales, ils élaborent des normes pour presque toutes leurs activités. Par exemple, à toutes ces échelles, les bibliothèques collectent des statistiques comparables sur leurs activités et leurs collections, qu'elles rendent le plus souvent disponibles en ligne. Tout citoyen peut prendre connaissance du nombre de prêts de livres dans les bibliothèques publiques ou universitaires du Québec, du budget annuel d'acquisition selon les ressources imprimées ou numériques, ou encore du nombre de questions posées dans chacune des bibliothèques.

Pour résumer, la bibliothéconomie est un champ de pratique dont la raison d'être est d'offrir des services et des collections pour répondre aux besoins d'information, de culture et d'éducation d'une collectivité.

Elle s'enseigne dans des programmes de deuxième cycle (maîtrise) de quelques-unes de nos universités. Par ailleurs, les bibliothèques ne sont pas seules sur l'échiquier du monde de l'information, de l'édition et de la documentation. Avant d'aller plus loin dans la présentation de la profession, situons la bibliothéconomie et les bibliothèques en les rattachant à la discipline que sont les sciences de l'information.

... aux sciences de l'information

L'univers des sciences de l'information est celui de l'information consignée, sans égard au support. Elles consistent en l'étude des systèmes, des produits et des méthodes de collecte, d'organisation, de conservation, de recherche et de diffusion de l'information. Par son objet, l'information, elles ne sont pas liées à un lieu propre, bibliothèque ou autre. Leur finalité est de répondre aux besoins d'information présents et à venir, en tout lieu, peu importe le contexte.

Les sciences de l'information sont nées de la pratique professionnelle des bibliothécaires dans les années 1960 aux États-Unis, là où on voit apparaître le terme *information science*. Peu à peu, le courant des *iSchools*, mot désignant les départements universitaires où sont enseignées les sciences de l'information, s'installe. Dans le même mouvement, les sciences de l'information se sont affranchies de la bibliothéconomie, qui se définit mieux comme un champ de pratique.

La bibliothéconomie se trouve ainsi dans un ensemble plus vaste et opère une transition des sciences humaines, auxquelles elle était rattachée avant les années 1960, aux sciences sociales, qui constituent la famille disciplinaire des sciences de l'information. Cette discipline est relativement jeune et ses objets de recherche rendent généralement incontournable une approche interdisciplinaire. Dans tous les cas, les sciences de l'information sont intéressées par les différentes formes d'expression de la pensée, leurs modes de consignation et de communication ainsi que par leurs usages.

L'informatique est souvent couplée aux sciences de l'information. On peut dire qu'elle élabore l'infrastructure des systèmes documentaires et que les sciences de l'information s'intéressent aux contenus, au contexte et à la mise en relation des objets qui les composent. Outre l'informatique, les disciplines connexes sont les sciences cognitives, l'économie, la sociologie, l'histoire, la linguistique, les sciences de la gestion et celles de la communication. Pour donner une idée plus précise, évoquons quelques exemples de questions qui intéressent les chercheurs des sciences de l'information.

L'économie de l'édition porte sur les enjeux économiques du monde éditorial, tant en ce qui concerne les éditeurs indépendants et les grands groupes éditoriaux internationaux que les autres acteurs de la «chaîne du livre», notamment les bibliothèques. On appelle *chaîne du livre* l'ensemble des acteurs de l'édition, les processus et le type de relations qu'ils ont entre eux: de l'auteur et de l'éditeur au distributeur qui met à la disposition des libraires des livres qu'ils vendent aux bibliothèques et à leurs autres clients. Avec l'arrivée du numérique, cette chaîne du livre se transforme en un réseau multipolaire. Ce faisant, les règles du jeu sont réinventées, particulièrement dans la médiation entre les acteurs. L'auteur peut entrer en contact directement avec ses lecteurs. La diffusion ne se limite plus à une relation univoque entre l'éditeur et son distributeur. Les mêmes contenus sont diffusés en ligne par une multitude de distributeurs. Ces transformations sont passionnantes à étudier du point de vue des changements dans l'économie de l'édition et deviennent également des objets intéressants à analyser selon une approche sociologique.

Des travaux sont réalisés pour développer des outils de recherche efficaces dans les collections de documents multimédias (images en mouvement et son). La recherche d'information dans des systèmes documentaires multilingues présente des défis intéressants: peut-on, par exemple, les interroger par une seule requête en utilisant des mots en français, et obtenir comme résultats des documents pertinents en anglais, en espagnol, en allemand, en plus du français?

Ces exemples donnent un aperçu du rôle transformateur des technologies et des réseaux sur le monde documentaire. Cela constitue en soi un objet de recherche captivant pour comprendre comment, par exemple, la bibliothèque publique se transforme par l'intégration des technologies. Les citoyens disposant de plus en plus d'appareils mobiles (téléphones mobiles, tablettes électroniques, etc.) et d'ordinateurs, la bibliothèque publique devient accessible de partout et en tout temps, du bout des doigts.

La construction de bibliothèques numériques est un autre chantier de la plus haute importance par les enjeux économiques et les défis techniques et politiques qu'elle pose. Elles deviennent un objet d'étude et de recherche prisé par les chercheurs des sciences de l'information. Plusieurs de leurs facettes peuvent être explorées, que ce soit la modélisation de ces énormes systèmes documentaires, l'élaboration des processus de numérisation, d'encodage, de traitement et de diffusion des documents numérisés ou la conception de leurs interfaces. On peut évoquer l'étude des structures du document et du texte en vue de la conception de systèmes documentaires, en particulier pour la représentation et le repérage d'information. Les conditions à mettre en œuvre dans de telles infrastructures pour assurer le respect des droits moraux et pécuniaires des auteurs constituent également des objets d'analyse et d'étude.

Nous n'en sommes qu'à l'âge de pierre du numérique. Jusqu'à maintenant, nous n'avons réalisé qu'une simple translation de l'imprimé au numérique. Tout est encore à faire. Les bibliothèques numériques présentent des interfaces le plus souvent en deux dimensions et selon une séquence linéaire. Les résultats d'une recherche sont présentés sous forme textuelle, au moyen d'une liste. Si nous faisons un instant le parallèle avec les jeux vidéo et leur évolution fulgurante au cours des 20 dernières années, il est permis de penser que les bibliothèques numériques pourront bénéficier de cette créativité en matière d'interface. Pour sortir de l'espace linéaire et textuel, il serait intéressant pour les concepteurs de bibliothèques numériques de s'allier les développeurs de jeux vidéo afin de quitter les sentiers battus et d'imaginer de nouvelles représentations des contenus, des documents, des images, des objets numérisés et numériques. Une interface tridimensionnelle représentant les différents types de relations entre les documents serait beaucoup plus intuitive et en adéquation avec nos modes de pensée. Une recherche sur Samuel de Champlain pourrait mettre en relation des documents d'archives signés par lui, des représentations 3D de céramiques de la Nouvelle-France, une reproduction d'une toile du début du XXe siècle illustrant son arrivée à Québec, et des livres et des articles sur le fondateur de Québec. Pour mener à bien ces expérimentations et le développement de telles interfaces, des recherches en collaboration entre des chercheurs des sciences de l'information et des sciences cognitives peuvent mieux faire comprendre la réaction du cerveau et l'efficacité de la présentation des différents éléments d'information d'une interface.

Ce genre de démarche avec les sciences cognitives s'intéresse également aux modes d'appropriation de l'information selon le support en comparant le taux de rétention ou encore la compréhension d'un texte ou d'un message entre différentes formes de représentation (imprimé, audio, lecture sur ordinateur, tablette tactile, ordiphone, etc.).

Voici un dernier exemple de question à laquelle pourrait répondre ce type de démarche: de quelles manières le lecteur peut-il identifier (et différencier), par la simple consultation à l'écran, les différents types de documents publiés? Alors que le dictionnaire, l'encyclopédie, le journal, la revue savante, le livre ou la bande dessinée prennent chacun une forme qui lui est propre dans sa facture imprimée et dans la présentation de son contenu, qu'en est-il au moment où ces différents genres passent à l'écran?

La gestion d'information stratégique (*knowledge management*) est un axe de recherche des sciences de l'information qui comprend un ensemble de stratégies à mettre en œuvre dans une organisation pour identifier, créer, organiser, diffuser l'information et les connaissances. La gestion d'information stratégique vise à aller au-delà de l'information consignée, en exploitant les connaissances développées par les individus ou dans les processus et les pratiques mêmes des organisations.

Un autre centre d'intérêt des sciences de l'information est celui de l'analyse des données des livres, des articles et de leurs références bibliographiques. Ce type de recherche se rattache au champ disciplinaire de la bibliométrie. Ainsi, les chercheurs peuvent repérer les auteurs les plus cités parmi les publications qu'ils analysent et faire ressortir les réseaux de chercheurs sur un sujet en particulier. Les grands palmarès annuels des universités ont recours à ces méthodes pour classer les établissements.

Il serait impossible de terminer cette énumération des grands thèmes de recherche des sciences de l'information sans mentionner ceux qui occupent les bibliothécaires et les chercheurs depuis déjà quelques siècles. Selon l'angle d'observation et les outils dont bénéficient les sciences de l'information, ces chercheurs continuent à contribuer à l'histoire des intellectuels et des idées ainsi qu'à l'histoire du livre, de l'édition et des bibliothèques. L'avènement du numérique dynamise les chercheurs intéressés par l'histoire contemporaine et offre des possibilités d'analyses historiques comparées des plus inspirantes.

Les sciences de l'information s'inscrivent essentiellement dans une démarche interdisciplinaire pour étudier des phénomènes, des systèmes et des objets liés au monde de l'information et de la documentation, dans une perspective où on accorde la même importance aux technologies, aux humains et aux organisations.

2

Les bibliothèques : lieux de liberté

Le terme «bibliothèque», du grec *bibliothéké*, est emprunté au latin *bibliotheca*, dont la polysémie dénote déjà une certaine complexité: salle où sont enfermés des livres ou, au sens propre, dépôt de livres, armoire, ensemble de livres. La bibliothèque est le lieu où sont entreposés les livres, pour en permettre implicitement la consultation. Dans un contexte non institutionnel, elle est le meuble dans lequel les livres sont rangés. Finalement, l'ensemble des livres dont une personne ou une communauté dispose est aussi une bibliothèque. Pour faciliter les choses, nous utilisons couramment le mot «livre» quand, en fait, une bibliothèque est composée d'une multitude de genres de publications, sur tout support, analogique ou numérique, que ce soit des ouvrages, des romans, des revues, des magazines, des jouets, des DVD, etc.

Une bibliothèque est un espace dans lequel il y a une accumulation de livres. Le livre en lui-même est porteur de sens. Il a été écrit dans un contexte particulier, en un temps et dans un lieu précis, pour des lecteurs spécialisés ou non, pour divertir, pour donner à apprendre ou pour faire rêver. Dans une bibliothèque, il acquiert une autre couche de sens. Il est placé en relation avec des milliers d'autres lorsqu'il s'agit d'une petite bibliothèque scolaire, jusqu'à des millions quand il s'agit d'une grande bibliothèque publique, ou d'une bibliothèque universitaire ou nationale. La mise en relation d'ouvrages sur un même sujet, publiés à différents moments, donne au lecteur à explorer, à comparer, à évaluer, à contredire, bref, à répondre à ses besoins d'information ou à repousser les frontières de ses connaissances et de sa culture. L'accumulation de livres est génératrice de sens et, selon la jolie formule de Christian Jacob, elle fait reculer les frontières du temps et de l'espace.

La bibliothèque est un moyen d'externalisation de la mémoire. Avec l'avènement de l'écriture, le besoin de mémoriser les œuvres a commencé à s'amenuiser. Sur la longue période — production en série de manuscrits dans les *scriptoria* au Moyen Âge, apparition de l'imprimerie artisanale et plus tard production à très large volume au moment de la révolution industrielle, technologies contemporaines d'impression et d'édition numériques —, un crescendo du processus d'externalisation de la mémoire s'est opéré. Il est amusant de constater d'ailleurs que nous appelons «mémoire» ce qui, dans un ordinateur, enregistre de l'information et des publications sous forme d'octets. Nous avons, pour ainsi dire, extrait notre capacité de mémoire du corps humain pour la déléguer à un support externe. Ces moyens nous ont semblé les plus appropriés pour conserver et diffuser dans de bonnes conditions les savoirs et les œuvres littéraires.

Ce faisant, au fil du temps, nous nous sommes dotés de formidables infrastructures qui donnent accès, dans le temps et l'espace, à l'information et à la culture. La bibliothèque est le lieu de mémoire qui met en relation des publications parues à différentes époques et provenant du monde entier.

Pour reprendre la belle expression de Robert Damien, développée par Michel Melot, la bibliothèque est le «lieu des liens». Lire, c'est entrer en dialogue avec soi-même ainsi qu'avec les auteurs, morts ou vivants. C'est entrer en communication avec l'humanité dans ce qu'elle a produit de culture, de sciences et de connaissances.

Pour autant, tous les livres ne se trouvent pas dans une bibliothèque. Un choix est fait pour répondre aux besoins particuliers de la collectivité à servir. La bibliothèque est un outil de validation, d'appropriation et de distribution des savoirs.

Elle est le plus souvent une institution dont se dote une collectivité pour mettre en commun des ressources. Les livres, imprimés ou numériques, y sont représentés en grand nombre, bien que plusieurs autres supports ainsi que des équipements de toutes sortes soient mis à la disposition des usagers.

Même si on s'y sent souvent un peu comme chez soi, la bibliothèque est un espace public. Elle est aussi un lieu d'animation scientifique et culturelle. D'où son appropriation de la notion de «troisième lieu», qui la distingue du premier, la résidence, et du deuxième, le travail. Les bibliothèques sont considérées comme un de ces troisièmes lieux, avec les cafés, les centres communautaires ou les bars, des endroits où les gens aiment se retrouver pour vivre des moments de qualité. Elles sont des espaces d'animation, de médiation et de mise en relation entre les personnes, avec les sciences et la culture.

Service public et bien commun

Parce qu'elles sont centrales à la mission des bibliothèques, arrêtons-nous un instant sur les notions de service public et de bien commun.

Le bien commun n'est pas une collection de biens individuels. Il n'est pas non plus à possession et à usage exclusifs. Il relève de l'intérêt général et exprime la solidarité qui se manifeste dans une collectivité. Au-delà des besoins de base qui consistent à se nourrir, à se loger, à se soigner et à s'éduquer — et auxquels le bien commun participe —, les dimensions de l'accès à la culture, aux connaissances et à l'information y sont aussi intégrées pour permettre le développement et l'épanouissement des personnes. La consommation d'un bien commun par une personne ne diminue en rien sa valeur aux yeux des autres. En outre, le bien commun est accessible gratuitement et personne ne peut en être exclu. Il vise le bien-être du groupe par opposition aux intérêts d'un individu ou d'un groupe en particulier.

Le service public, sous plusieurs aspects, s'oppose à l'entreprise privée. Il implique une organisation contrôlée ou financée majoritairement par les pouvoirs publics. Comme les emplois y sont le plus souvent permanents et que la raison d'être et l'existence de l'organisation ne sont pas de vendre un produit ou un service, faire prendre conscience à l'ensemble du personnel de l'urgence et de l'importance de la mission commune représente un réel défi de gestion et de motivation.

La bibliothèque fait partie du service public. Ses différentes missions, selon les types de bibliothèques, en font une institution vouée au renforcement des compétences civiques, professionnelles ou techniques. Elle offre en partage un lieu et des ressources que nul, à l'échelle d'une seule personne, d'une famille ou d'un petit groupe, ne peut constituer. Par leur obligation de rassembler des ressources documentaires et des équipements facilitant l'accès à l'information, à la culture et aux savoirs, les bibliothèques sont des centres de partage de ressources qui sont mises à la disposition d'une collectivité. Elles participent à la constitution et au partage d'un bien commun. En elles-mêmes, elles sont un bien public.

En accumulant des collections et en développant une expertise, les bibliothèques constituent un capital économique, intellectuel et symbolique fort : économique, par la simple valeur financière des collections et des équipements ; intellectuel, par la valeur de l'expertise développée par les bibliothécaires et les autres professionnels et personnels ; symbolique, par l'accumulation du prestige et le statut dont bénéficie la bibliothèque.

Les bibliothèques : une réalité plurielle

Les bibliothèques recouvrent des réalités fort différentes selon le type d'institution et les besoins propres aux usagers ou clients qu'elles desservent.

Les bibliothèques nationales sont des institutions publiques qui relèvent des États et dont la mission est d'acquérir, de conserver et de diffuser, sans limite temporelle, tout ce qui a été publié sur leur territoire, à l'extérieur de leurs frontières par des auteurs de leur pays et tous les ouvrages traitant de leur nation, peu importe leur lieu de publication. Dans la majorité des pays, les bibliothèques nationales sont aidées dans leur mission d'acquisition par une loi relative au dépôt légal qui exige des éditeurs qu'ils déposent un nombre d'exemplaires défini de toutes leurs publications. Une de leurs responsabilités est de consigner et de maintenir la liste de tous les titres publiés sur leur territoire, ce que l'on désigne comme la bibliographie nationale. Le conservateur en chef ou le directeur général d'une bibliothèque nationale relève le plus souvent du ministre de la Culture d'une nation. Cela dit, cette position ne lui garantit pas la prédominance en matière d'importance des budgets, de qualité des fonds ou des services.

La bibliothèque nationale est un symbole identitaire et d'affirmation nationale fort. Il n'est pas étonnant que les politiciens en fassent les projets phares de leurs mandats. Pensons seulement à François Mitterrand et au grand chantier de la Bibliothèque nationale de France, site Tolbiac, ou à Lucien Bouchard et à la Grande Bibliothèque du Québec. La fondation d'une bibliothèque nationale est un geste politique. La création de la Bibliothèque nationale du Québec à la fin des années 1960 est assurément un des fruits de la Révolution tranquille et du développement de la société québécoise. Aujourd'hui, la question peut être posée: le contexte politique permettrait-il de réunir les conditions pour créer pareille institution?

Rattachées à l'État, les bibliothèques gouvernementales des ministères, des Parlements ou des agences répondent aux besoins spécialisés en information des fonctionnaires et des élus. La documentation à mettre à leur disposition comporte autant des articles publiés dans la presse générale que des publications gouvernementales des autres pays, par exemple en vue de l'élaboration de nouveaux programmes gouvernementaux. Dans ces cas, les bibliothécaires ont nécessairement recours aux publications en ligne et assurent des services de veille stratégique qui consistent à procéder à des recherches documentaires et à traiter l'information de façon continue en vue de prises de décision.

Les milieux parapublics, tels que les centres hospitaliers, disposent aussi de bibliothèques pour répondre aux besoins des médecins et spécialistes et pour le bénéfice des patients. Des collaborations entre les centres hospitaliers et les bibliothèques universitaires sont courantes pour donner accès aux collections numériques.

Les bibliothèques municipales, que l'on désigne souvent comme «bibliothèques publiques», relèvent des élus et des conseils municipaux qui leur allouent leurs budgets. La mission fondamentale des bibliothèques municipales, selon le manifeste de l'UNESCO, est de donner à tous les citoyens accès à l'information, à l'alphabétisation, à l'éducation et à la culture. Elles contribuent à créer les meilleures conditions pour l'exercice éclairé de la démocratie. Cette mission se réalise par une foule d'activités et de services: créer et renforcer l'habitude de la lecture chez l'enfant, faire connaître le patrimoine culturel et les arts, encourager le dialogue interculturel et l'accueil des citoyens récemment immigrés, briser l'isolement des aînés, faciliter l'acquisition de compétences technologiques. Selon les municipalités, les bibliothèques publiques sont grandes ou petites et comptent quelques dizaines de milliers de documents ou des millions. Elles sont des lieux civiques où s'exprime le «vivre-ensemble» d'une communauté et où se développent la conscience et les compétences citoyennes. Les bibliothèques publiques sont aussi présentes à l'extérieur de leurs murs par les bibliobus, les bibliovélos ou l'organisation d'activités de lecture dans les parcs, l'été, avec les enfants. Tous les moyens sont bons pour joindre les lecteurs.

Les bibliothèques du secteur de l'éducation sont nécessaires à tous les ordres d'enseignement. Les bibliothèques scolaires, qu'on trouve dans les écoles primaires et secondaires, ont pour mission de susciter le goût de la lecture chez les enfants et les jeunes, et de développer leurs compétences sur ce plan. Ce secteur, longtemps délaissé, est enfin depuis quelques années en développement au Québec. Plusieurs études ont

démontré que la présence dans une école d'une bibliothèque bien garnie et de bibliothécaires pour la gérer
et l'animer favorise chez l'élève l'acquisition et le
développement des compétences en lecture.

Les bibliothèques collégiales ont comme mission
d'offrir des services contribuant à la qualité de l'enseignement et aux conditions de réussite des élèves.
Elles la réalisent en donnant accès à des ressources
documentaires répondant aux besoins des collégiens
et des professeurs pour les enseignements et les
apprentissages, en offrant des espaces de travail ainsi
qu'en dispensant des formations pour améliorer les
compétences informationnelles des élèves. Les bibliothèques universitaires répondent, quant à elles, à la
même mission générale que celles du collégial.
Cependant, l'échelle — nombre de documents,
budget d'acquisition, nombre d'étudiants et niveau
d'avancement des connaissances à acquérir — est
beaucoup plus grande. Les activités de recherche des
professeurs et des étudiants des cycles supérieurs
(maîtrise et doctorat) nécessitent l'acquisition d'une
documentation très spécialisée et à la fine pointe des
développements à l'échelle internationale. Au sein
d'une université, la bibliothèque a un statut particulier. Elle est souvent le lieu de rassemblement des étudiants et constitue le cœur du campus. Depuis
quelques années, la majeure partie de la documentation acquise et utilisée par les professeurs et les étudiants des collèges et des universités est sous forme
numérique. Ici encore, la bibliothèque n'est pas mise
au ban en raison de l'arrivée d'Internet. On assiste
plutôt à une renaissance des bibliothèques collégiales
et universitaires. Une autre caractéristique distingue
ces dernières, cette fois-ci par le statut des bibliothécaires, particulièrement dans les milieux anglo-
phones, où ils sont considérés comme faisant partie

du corps professoral. Cela implique pour ces bibliothécaires de mener des activités de recherche dans leur domaine. Les bibliothécaires des milieux de l'éducation travaillent souvent à l'extérieur des murs de la bibliothèque, soit par leurs enseignements en salle de classe, soit par leur présence dans les laboratoires de recherche.

Les milieux spécialisés, pensons aux musées, organismes communautaires, associations, syndicats, organismes de presse, disposent également de bibliothèques pour leurs besoins spécifiques. Dans ces cas, la collection et les services sont constitués sur mesure et demandent aux bibliothécaires une grande polyvalence et de la souplesse dans l'élaboration des solutions à proposer. Ce sont souvent des milieux passionnants et motivants qui permettent aux professionnels de s'exprimer de façon originale en adaptant les outils bibliothéconomiques pour répondre à des besoins particuliers, avec parfois un minimum de ressources financières.

Enfin, les bibliothèques privées se retrouvent notamment au sein d'entreprises des milieux d'affaires. Les grandes études d'avocats ainsi que les entreprises pharmaceutiques disposent habituellement d'une bibliothèque ou d'un service de documentation. Il existe aussi des bibliothèques privées dont la mission s'apparente aux bibliothèques soutenues par des fonds publics. Par exemple, la bibliothèque du Centre canadien d'architecture de Montréal, bien que privée, donne aux chercheurs accès à ses collections spécialisées consacrées à l'histoire de l'architecture et à l'environnement bâti. Elle comprend quelque 215 000 volumes, notamment des livres rares et des collections spéciales portant sur la théorie, la pratique et l'histoire de l'architecture, du XVe siècle à nos jours. En plus d'être un pôle d'attraction de chercheurs internationaux, cette bibliothèque constitue un complément riche des collections sur le même sujet des bibliothèques universitaires.

Les bibliothèques, institutions du service public

Ce panorama atteste que les bibliothèques sont le plus souvent des institutions du service public. Il s'agit là, pour le Québec à tout le moins, d'une situation pas si ancienne. Jusqu'aux années 1960 et à la Révolution tranquille, la majorité des bibliothèques du Québec était des bibliothèques paroissiales installées avec les moyens du bord dans les sous-sols d'églises sous la férule du clergé qui y exerçait sa censure et donnaient accès à une collection famélique. En 1903, Montréal refuse une subvention de la Fondation Carnegie, du riche Américain qui a institué un programme de construction de bibliothèques publiques dans toute l'Amérique du Nord et au-delà. Cette décision a été justifiée par des motifs tant religieux que linguistiques et socioéconomiques. 2509 «bibliothèques Carnegie» ont été construites aux quatre coins du monde, dont 125 au Canada, mais aucune pour les collectivités francophones du Québec. Cet épisode déshonorant de notre histoire n'est qu'une des illustrations des raisons pour lesquelles le Québec a été longtemps à la traîne en comparaison d'autres sociétés modernes en matière de bibliothèques et de lecture publique.

Aujourd'hui, les bibliothèques appartiennent aux collectivités et leurs dirigeants occupent des fonctions officielles: il s'agit du directeur d'une école et son conseil d'établissement, d'un vice-recteur ou d'un *provost* nommé par un recteur ou un président d'université, d'un maire et de son conseil de ville, ou encore d'un ministre pour ce qui est des bibliothèques nationales.

Les bibliothèques obtiennent la quasi-totalité de leurs budgets des institutions ou des gouvernements nationaux ou locaux. De ce fait, elles sont sensibles aux aléas des priorités politiques et des situations de crise que les sociétés traversent. En 2012, l'exemple de la Californie, qui coupe 100 % du budget de ses bibliothèques publiques, est saisissant, comme celui de la Grande-Bretagne du gouvernement de David Cameron, qui fait un retour en arrière en abandonnant son réseau de bibliothèques publiques pour le confier aux bénévoles des églises et des œuvres caritatives.

La non-intervention, voire l'indifférence, peut aussi constituer un défi pour les bibliothèques du fait de leur rattachement aux instances politiques. Il arrive à des bibliothécaires de se faire dire par des élus, par pure bravade ou avec sincérité, qu'on ne voit pas trop à quoi peut servir une bibliothèque. Démontrer l'évidence n'est jamais chose aisée. Dans de semblables situations, la démonstration de l'utilité de la bibliothèque et des services des bibliothécaires est souvent plus efficace que la rhétorique. Les usagers et les citoyens sont les meilleurs alliés pour convaincre de l'importance et de la valeur d'une bibliothèque.

Les missions et les services des bibliothèques vont dans le sens de l'intérêt général, car elles sont souvent un outil pour la réalisation d'un projet politique. D'une certaine manière, elles participent à ce que les politiques identifient comme une « obligation nationale », dans l'intérêt général de la population. Voici deux exemples pour le Québec et la Norvège.

Chaque année, l'État québécois octroie aux bibliothèques municipales des budgets d'acquisition spécifiques à l'achat de livres publiés par des maisons d'édition québécoises. Par ailleurs, depuis 1979, les acheteurs institutionnels, dont les bibliothèques, doivent se conformer à la *Loi sur le développement des entreprises québécoises dans le domaine du livre* qui rend obligatoire l'achat des livres dans des librairies agréées de la région où se trouve la bibliothèque. Cette mesure assure le maintien d'un réseau de librairies de fonds de qualité sur tout le territoire québécois. Elle reconnaît et confirme le rôle des bibliothèques pour le soutien des librairies. Plusieurs bibliothécaires étendent cette responsabilité, sans que ce soit inscrit dans la loi, au rôle qu'ils ont à jouer pour soutenir les librairies indépendantes, par rapport aux grandes chaînes.

Dans un tout autre ordre d'idées, la Norvège, par des mesures visant à encourager la production et l'édition d'œuvres poétiques, décerne, d'une part, des bourses «à vie» pour les poètes et, d'autre part, l'État achète systématiquement 1000 exemplaires des livres de poésie publiés pour les collections des bibliothèques municipales.

Ces exemples démontrent l'importance pour le bibliothécaire de développer des habiletés politiques, ce qui est évidemment à distinguer de «faire de la politique». Se garder de toute implication politique demeure de mise, pour le bibliothécaire comme tout employé du service public.

3

Les bibliothécaires : passeurs de savoir et de culture

Selon la Corporation des bibliothécaires professionnels du Québec, le bibliothécaire a pour principales fonctions de créer, conserver, organiser, traiter, repérer, sélectionner, gérer, analyser, synthétiser et diffuser l'information, quel que soit son support.

Il a recours dans son travail à des connaissances et à des techniques nombreuses provenant de plusieurs disciplines. Selon le rôle qu'il occupe dans l'organisation et les responsabilités qui lui sont confiées, il se spécialise dans un domaine ou un autre. Les bibliothèques relevant le plus souvent du service public, une connaissance fine du fonctionnement des institutions est indispensable. Par ailleurs, la maîtrise des principes et des techniques de gestion assure la bonne administration de budgets souvent importants. La gestion des personnels, l'élaboration de planifications stratégiques et de mesures de performance, ou la négociation et l'application de conventions collectives nécessitent des connaissances en gestion de ressources humaines et en relations de travail. Des notions de sociologie et de psychologie sont utiles pour comprendre la nature et les besoins des usagers ou pour élaborer des protocoles d'accueil des publics. La mise en œuvre de programmes de promotion des services de la bibliothèque demande des connaissances en communication et en marketing.

Le bibliothécaire doit être féru de technologies, devenir un utilisateur habile des outils informatiques et un expert des formats d'encodage des publications numériques. Dans plusieurs institutions, il contribue au grand chantier du début du XXIe siècle que constitue la numérisation des patrimoines manuscrits et imprimés. De façon à bien s'intégrer dans la chaîne du livre et à en comprendre les enjeux, il doit connaître la réalité et les fonctions des auteurs, des éditeurs, des distributeurs et des libraires. Parfois, et de plus en plus en raison des possibilités du numérique, le bibliothécaire agit comme éditeur en publiant des ouvrages et d'autres types de documents.

Précisons maintenant le champ d'action du bibliothécaire, qui s'organise entre les collections, les services, et l'aménagement et la gestion du bâtiment de la bibliothèque.

Collections

Le travail sur les collections consiste à sélectionner, parmi tout ce qui est publié et disponible, les documents (imprimés ou autres) qui constitueront l'offre aux lecteurs. La collection d'une bibliothèque sera pertinente et utilisée si le bibliothécaire connaît les besoins de ses usagers. Il existe plusieurs outils et moyens à sa disposition pour faire ce travail: les suggestions d'achats des lecteurs, les discussions informelles, les sondages, la lecture des travaux produits par les usagers chercheurs ou l'élaboration de la politique de développement de la collection en collaboration avec des représentants des lecteurs. Dans certaines bibliothèques, on intègre des modèles d'acquisition qui consistent à déclencher l'achat d'un document par le simple clic d'un lecteur dans le catalogue. Mais, pour l'essentiel de son budget, le bibliothécaire fait des choix pour constituer la collection en s'assurant qu'un maximum de points de vue soient représentés.

En théorie, cet exercice semble facile. En pratique, le bibliothécaire subit souvent des pressions pour ajouter ou retirer des ouvrages. Les exemples sont nombreux. On a vu une citoyenne brûler dans son poêle à bois tous les livres qu'elle avait empruntés de la section Dewey 200 (Religion) qui ne portaient pas sur la religion catholique. Ou ce maire d'une municipalité rendre visite au directeur de la bibliothèque en compagnie d'un ami auteur d'une encyclopédie en ligne qui caressait le projet de voir son œuvre référencée dans le catalogue de la bibliothèque. Après quelques recherches, il s'est avéré que l'encyclopédie était plagiée. Ou encore cette citoyenne engagée s'émouvoir que la bibliothèque n'accepte pas un don, d'une valeur de 500 $, de plusieurs livres portant sur les anges et autres écrits spirites. La bibliothèque s'oppose aux dépositaires d'une vérité unique en attestant par ses collections la complexité de la réalité et la puissance des mots et des idées.

Une fois que le document arrive en bibliothèque, il passe par un processus de traitement qui comporte la réception, la préparation matérielle (étiquette, estampille, code à barres, etc.) et le catalogage. Ce dernier consiste à décrire dans une «notice» le document par un ensemble de données telles que le titre, le nom de l'auteur, l'éditeur, le nombre de pages, etc. Outre la description matérielle, le catalogueur procède à la classification du document, en lui attribuant des descripteurs (que les bibliothécaires appellent des «vedettes-matière») et une cote. Cette cote permet, d'une part, d'inscrire dans une classification un titre selon son sujet et, d'autre part, de donner une adresse au volume pour le ranger en ordre sur les rayons afin de le retrouver facilement. Par ailleurs, la proximité des ouvrages sur les mêmes sujets ou écrits par les mêmes auteurs permet aux lecteurs de repérer d'autres livres qui pourraient les intéresser. Une fois le catalogage terminé, le livre est rangé sur les rayons par un commis, prêt pour son premier lecteur.

Depuis les années 1980-1990, la quasi-totalité des bibliothèques est passée à des catalogues informatisés. La notice constitue une inscription dans une base de données. Aussi curieux que cela puisse paraître, les principes du traitement documentaire s'appliquent tout autant aux documents imprimés que numériques, bien que les outils et les façons de faire puissent différer. Par exemple, comme les cotes des livres imprimés valorisent une collection en rendant plus visibles les ouvrages sur les mêmes sujets, plusieurs bibliothèques attribuent des cotes aux livres numériques pour permettre aux lecteurs de butiner par des interfaces en ligne.

Services

Le bibliothécaire met en place le processus le plus simple possible pour l'emprunt des documents de la bibliothèque. Les opérations de prêt, de retour, de rangement sur les rayons sont réalisées par des commis ou des aides-bibliothécaires. De plus en plus, le prêt et le retour sont effectués à l'aide de postes en libre-service. Dans certaines bibliothèques, la majeure partie du processus de tri des documents retournés se fait automatiquement grâce à la technologie d'identification par radiofréquence.

Répondre aux questions des usagers constitue un service central dans toute bibliothèque. Traditionnellement, ce service est proposé à un comptoir ou à un bureau. De plus en plus, les services d'information et de référence sont offerts par courriel et par clavardage. Pour plus d'efficacité et pour valoriser la contribution des différents métiers des bibliothèques, une première ligne de services aux usagers est assurée par des commis et des techniciens en documentation qui répondent aux questions d'orientation dans la bibliothèque (Où sont les toilettes? À quelle heure la bibliothèque ferme-t-elle ce soir?) ainsi qu'aux questions de référence d'un niveau de complexité simple ou moyen (Qui était premier ministre du Canada en 1920? Avez-vous tel livre? Quelles sont les bases de données auxquelles la bibliothèque est abonnée dans le domaine de l'ingénierie des matériaux?). Les questions plus complexes et qui requièrent davantage de recherche sont référées aux bibliothécaires. Dans le cas des bibliothèques universitaires, selon la complexité de la question, l'usager peut être référé à un bibliothécaire spécialiste d'une discipline, par exemple la sociologie, la chimie ou les études classiques. Dans certains cas, le bibliothécaire recevra en consultation un étudiant qui travaille à la préparation de sa thèse de doctorat pour l'assister dans sa recherche bibliographique ou pour l'aider à organiser l'information et les documents qu'il a colligés en vue de la rédaction.

Ce travail de référence et de consultation est fascinant et très intéressant. Les questions sont de tous ordres, comme l'illustre la liste qui suit, constituée de questions authentiques posées à un bibliothécaire.

— Pourriez-vous m'aider à trouver des images de mines à ciel ouvert situées en Chine?

— Je voudrais savoir quand est apparue la première ambulance et avoir une photo pour mon travail d'école.

— Comment les consciences collectives vis-à-vis de l'Iran et du nucléaire ont-elles évolué?

— Je voudrais emprunter un livre sur tout.

— Quelles sont les données démographiques et commerciales que je peux utiliser pour déterminer dans quelle rue je devrais ouvrir une boutique de thé à Montréal?

— J'ai besoin d'articles de revues scientifiques évalués par les pairs pour mon travail sur l'effet des jeux vidéo violents sur le comportement des adolescents.

— Un de mes ancêtres a eu droit à des funérailles nationales en 1820. En quoi cela consistait-il exactement?

— Je souhaiterais savoir quel chemin prendre pour devenir acteur et travailler pour le cinéma. J'aimerais aussi que vous me disiez ce qu'est vraiment la vie d'acteur et quel caractère il faut avoir pour réussir. J'aimerais avoir des réponses précises.

— Pourriez-vous m'éclairer sur la signification du proverbe africain «Le lieu où on attend la mort n'a pas besoin d'être vaste»?

Servir au comptoir d'information ou au service de référence en ligne d'une bibliothèque demande de la part des techniciens et des bibliothécaires une culture générale solide et une connaissance fine des sources d'information. La qualité d'un service de référence tient autant aux questions que le bibliothécaire posera à l'usager pour préciser et contextualiser le besoin d'information qu'aux réponses qui lui seront proposées. Par ailleurs, ce service doit toujours se faire sans jugement, en préservant l'anonymat et dans le plus grand respect de l'usager. Comme l'a écrit Jean-Charles Bonenfant, «certains lecteurs ont l'art de déformer les titres et le bibliothécaire n'a pas le droit de se moquer de leur ignorance. Il doit se contenter de manifester un peu d'imagination et se souvenir, par exemple, que si on lui demande *Nid de guêpes*, ce ne peut être que *Nœud de vipère* de François Mauriac.» S'il peut arriver qu'un usager, au cours d'une transaction ou d'une consultation, fasse part d'idées politiques ou exprime un point de vue qui nous choque en ce qu'il est contraire à nos valeurs (antiféministe ou sexiste, par exemple), c'est toujours la règle de la neutralité absolue qui s'applique. Le bibliothécaire est au service de tous, sans égard au sexe, à l'origine, à la culture, à la religion, au niveau d'instruction, à l'opinion politique, etc.

Bien que le principe cardinal à appliquer par le bibliothécaire soit le bien commun, chacun des usagers est une personne, un lecteur, un élève, un étudiant, un retraité, un chercheur, un analphabète, une personne en mal de comprendre les ennuis de santé d'un proche, etc. En toute circonstance, c'est à l'aide de lunettes à double foyer qu'il nous faut garder le cap sur l'intérêt commun, tout en prenant des dispositions et en implantant des processus pour créer et favoriser l'expérience enrichissante, stimulante et satisfaisante de chacun des lecteurs.

Aménagement et gestion du bâtiment de la bibliothèque

Le lecteur sera peut-être surpris de lire qu'un des champs d'action du bibliothécaire est l'aménagement et la gestion du bâtiment de la bibliothèque. Dans la majorité des cas, l'aménagement et la gestion des espaces d'un lieu public ne relèvent-ils pas du service des immeubles d'un établissement ou d'un service public? *In fine*, c'est effectivement aussi le cas pour les bibliothèques.

Néanmoins, l'aménagement d'une bibliothèque est étroitement lié aux besoins des usagers, à la conception de l'offre de services, des équipements ainsi que des collections. Lourd de sens, l'aménagement reflète la conception des bibliothécaires qui la dirigent. Leurs interventions sur l'aménagement peuvent se faire à deux moments: lors de la planification de la construction d'une nouvelle bibliothèque ou d'un projet de rénovation majeure, ou encore au fil du temps, pour apporter des ajustements aux espaces publics ou de travail.

Lors de la construction ou de la rénovation majeure d'une bibliothèque, le bibliothécaire travaille en étroite collaboration avec des architectes et des ingénieurs. La rencontre d'expertises différentes dans une telle équipe multidisciplinaire donne lieu à des échanges et à un travail des plus stimulants. L'architecte aura tôt fait de se rendre compte que le bibliothécaire non seulement connaît les exigences et les problèmes de ce type de bâtiments publics, mais aussi qu'il connaît souvent les tendances et les réalisations architecturales locales, nationales et internationales en matière de bibliothèque. Il faut davantage que des livres et des services pour faire que ce lieu en soit un de rencontres tout autant que de travail et d'épanouissement, en solo ou en équipe. Prenons l'exemple du silence pour les salles de lecture de travail individuel. On aura beau installer des tables et des chaises dans une pièce, si l'éclairage est cru et fluorescent, si les murs sont de verre et le plancher de carreaux et répercutent le son, si les chaises sont inconfortables et trop basses pour la hauteur des tables, il y a fort à parier que cette salle de lecture sera bruyante et désagréable. Cet exemple peut paraître trivial. Pourtant, un catalogue de pareils insuccès pourrait être dressé sans trop de mal. Aussi, les espaces et les comptoirs de services prendront une forme et une disposition adaptées selon le modèle d'interaction privilégié entre le personnel et les usagers.

La conception d'une nouvelle bibliothèque ou sa rénovation de fond en comble sont des projets qu'un bibliothécaire n'aura souvent la chance de réaliser qu'une seule fois dans sa carrière. Un projet architectural majeur de bibliothèque est souvent le résultat de plus de dix ans de démarches. Ceux qui ont la chance d'arriver à ce moment récoltent le fruit du travail des prédécesseurs, tout en travaillant pour leurs successeurs.

Une fois la bibliothèque construite et rénovée, il arrive souvent que le bibliothécaire doive apporter des ajustements mineurs aux aménagements. On pense à l'ajout d'ordinateurs ou de rayonnages pour le rangement d'une collection qui se développe au-delà des limites qui avaient été évaluées au moment de la construction, à de nouveaux besoins comme l'aménagement d'un coin jeunes plus grand en raison de l'augmentation de la population d'un quartier ou encore à l'adaptation des espaces de travail des employés de la bibliothèque. Ces projets doivent respecter la vision architecturale originale du bâtiment.

Au-delà des aménagements, la gestion d'une bibliothèque implique de faire respecter un code de conduite de la part des usagers. Il s'agit d'une responsabilité qui n'est pas sans difficultés. Les bibliothèques doivent être des milieux accueillants. On évitera les interventions ou la signalisation comportant des messages négatifs. Selon les milieux, le respect des consignes par les usagers d'une bibliothèque peut présenter un réel défi.

En matière d'aménagement, l'application de mesures de façon uniforme n'est pas la meilleure solution. Parce qu'un enfant ne lit pas comme un chercheur, ou un adolescent comme un adulte, le bibliothécaire doit créer une multiplicité de types d'espace. La bibliothèque est constituée de plusieurs microcosmes dont chacun répond à des besoins différents. Le bibliothécaire n'est pas seulement le gardien d'une collection. Il prend aussi soin d'un lieu. Il crée et assure le bon fonctionnement des espaces de silence, de discussion, d'apprentissage, d'animation et de travail.

La sécurité des usagers est une autre responsabilité assumée par le bibliothécaire. On a vu du trafic de drogue dans les rayons de bibliothèques, sans compter les trop nombreux vols d'effets personnels des usagers. Les bibliothèques sont souvent le refuge des sans-abri et des malades désinstitutionnalisés. Dans tous ces cas, le bibliothécaire agit en étroite collaboration avec les spécialistes, soit la direction de la sécurité d'un établissement et des services sociaux ou le service de police.

La pratique du bibliothécaire : quelques illustrations

Avoir une idée de quoi est fait le quotidien du bibliothécaire ne coule pas de source. Souvent, le bibliothécaire est confondu avec le technicien en documentation ou le commis de bibliothèque. Quelques cas concrets illustreront le rôle du bibliothécaire dans la Cité et donneront un aperçu de la diversité et de l'importance de ses responsabilités.

1. Une fin d'après-midi, le directeur d'une bibliothèque municipale reçoit la visite d'une citoyenne déçue. Elle demande au bibliothécaire la raison pour laquelle la bibliothèque n'offre pas de livres de la collection «Harlequin». Le bibliothécaire, un peu embêté, lui répond que ce genre de littérature ne correspond pas à la politique de développement de la collection. La dame lui explique alors qu'elle n'a pas eu l'occasion de faire de longues études, que sa vie est un peu compliquée et que la lecture des «Harlequin» la réconforte et lui fait vivre quelques moments de détente et d'évasion. Le bibliothécaire prend conscience que les «Harlequin»

ont peut-être une place dans sa bibliothèque. Ce qu'il n'ose pas lui avouer, c'est qu'il fait mettre au recyclage chaque mois des boîtes offertes généreusement par quelques lectrices boulimiques de ces romans à l'eau de rose. Il décide dès lors d'aménager des rayonnages pour disposer ces livres tels qu'ils sont reçus, sans en faire quelque traitement que ce soit. Que les «Harlequin» empruntés reviennent à la bibliothèque ou non, il n'en a cure. Considérant le nombre d'exemplaires reçus chaque mois, les rayonnages de cette petite section seront toujours bien garnis. Et peut-être, espère-t-il, que la dame sera attirée éventuellement par un Zola ou un Tremblay, entre deux «Harlequin»…

2. Au moment de la crise d'Octobre 1970, les enlèvements par le Front de libération du Québec entraînent des interventions souvent démesurées des policiers, particulièrement à l'endroit des intellectuels et des artistes. Plusieurs bibliothécaires ont été témoins ou acteurs de ces événements. Les forces policières se sont notamment rendues à la Bibliothèque nationale du Québec et ont exigé de son directeur, Georges Cartier, qu'il leur remette les dossiers des ouvrages consultés par les lecteurs sous prétexte que, «dans les livres, on peut apprendre à fabriquer des bombes». Georges Cartier a refusé catégoriquement et a demandé à rencontrer le chef de police, qui a finalement retiré ses troupes de la Bibliothèque nationale. C'est par ailleurs à cette occasion que les deux exemplaires de l'ouvrage de Pierre Vallières, *Nègres blancs d'Amérique*, ont été confisqués, ce qui n'a pas été sans créer d'émoi et rappeler les sombres jours de la censure. Au cours de cette même période, une bibliothécaire d'une université montréalaise prenait l'initiative d'indiquer dans le fichier de la bibliothèque que ce même titre était «perdu», tout en le mettant bien à l'abri à son domicile durant la crise.

3. L'attrait des nouvelles tablettes électroniques est très grand. Outre la lecture de livres, d'articles de journaux, de magazines et de revues, une foule d'activités est possible à l'aide de ces nouveaux appareils. Toutefois, le prix en est assez élevé et plusieurs lecteurs n'ont pas les moyens de s'en procurer. Après avoir procédé à une analyse des besoins et des différents modèles disponibles, un projet est élaboré et la bibliothèque fait l'acquisition d'une flotte de 75 iPad qui sont prêtés pour des périodes de trois jours. Ce service s'ajoute à celui du prêt d'ordinateurs portatifs et remporte dès la première journée un vif succès. Pour réaliser ce projet, les bibliothécaires ont travaillé en étroite relation avec les informaticiens. Outre les processus de synchronisation des contenus et la routine à élaborer aux moments du prêt et de la réception, les bibliothécaires ont choisi les applications et les contenus à inclure dans les tablettes.

4. Une citoyenne tombe par hasard sur une bande dessinée pour adulte laissée sur une table de sa bibliothèque municipale. Outrée, elle somme le directeur de la bibliothèque de détruire six albums qu'elle juge offensants pour l'image de la femme. Sa demande lui est refusée par la bibliothèque, puisque les livres ne comportent rien de répréhensible. La citoyenne recueille des appuis d'autres citoyens et de groupes pour demander au conseil municipal d'intervenir. Un an après le début de ces événements, le conseil adopte à l'unanimité une résolution ordonnant à la bibliothèque de placer toutes les BD pour «lecteurs avertis» dans une section «accessible par les employés seulement». C'est ainsi que 180 albums se sont retrouvés sur des rayons dans la cuisine des employés de la bibliothèque. Les bibliothécaires n'ont eu d'autre choix que d'appliquer la politique votée par le conseil. Néanmoins, il y a eu une levée de boucliers d'autres

institutions, d'associations d'auteurs et de bibliothécaires contre ce geste de censure. Heureusement, six
mois après l'avoir adoptée, le conseil municipal abroge
la politique de censure.

5. Cette situation se déroule un dimanche après-
midi d'été, au milieu des années 1990, avant que
l'accès à Internet ne soit répandu. Alors que le directeur de la Bibliothèque de l'Université Laval visite une
exposition au Musée de la civilisation, un agent de
sécurité s'adresse à lui:

— Seriez-vous par hasard monsieur Bonnelly?

— Oui.

— Un médecin essaie de vous parler d'urgence.

Pensant qu'un de ses fils a été impliqué dans un
accident, le bibliothécaire compose le numéro de télé-
phone sans perdre un instant.

— Voici, commence le médecin, je pratique à La
Malbaie et je dois faire une intervention très délicate
demain matin. Je dois consulter un article dans une
revue spécialisée de médecine que vous avez en bibliothèque. Je suis descendu à Québec uniquement pour
cela, pour me rendre compte que la bibliothèque est
fermée le dimanche durant l'été. Pouvez-vous faire
quelque chose?

— Bien sûr, monsieur.

Le directeur de la bibliothèque contacte sans
attendre le service de sécurité de l'Université pour
demander d'ouvrir les portes de la bibliothèque au
médecin. Grâce à une description de monsieur
Bonnelly obtenue par ce médecin débrouillard auprès
de son fils en téléphonant à son domicile, l'agent de
sécurité du Musée avait pu l'identifier. Quelques jours
plus tard, ce médecin l'a rappelé pour le remercier. Il
avait en effet repéré l'article dont il avait impérieuse-
ment besoin, et évité ainsi des erreurs qui auraient pu
être fatales.

6. Alors que la bibliothèque d'une université vient de lancer un service de publication des thèses sous forme numérique, un étudiant demande à rencontrer le directeur pour lui dire: «Je voudrais vous remercier car c'est grâce à la bibliothèque que j'ai trouvé un emploi sans même avoir posé ma candidature. Un employeur a en effet repéré ma thèse sur votre site Web. Très intéressé par mon projet qui correspondait tout à fait à ses préoccupations, il a demandé à me rencontrer. Quelques jours plus tard, j'obtenais un poste correspondant à mes attentes.»

7. Une bibliothécaire entreprend dans les années 1990 l'informatisation des catalogues des bibliothèques des écoles de la commission scolaire où elle travaille. En étroite collaboration avec les services informatiques, elle est responsable de la réorganisation du travail de la chaîne documentaire ainsi que de la formation des personnels aux nouvelles opérations. La numérisation ou l'intégration dans une base de données de toutes ces informations que contenaient les fameuses fiches des catalogues a été une opération d'une ampleur considérable. L'implantation d'un changement aussi important n'est jamais sans rencontrer des résistances. Le rôle de la bibliothécaire dans ce projet impliquait la mobilisation du personnel à embrasser ces transformations et à s'adapter aux nouvelles réalités des bibliothèques. Évidemment, dès leurs implantations, les catalogues numériques ont fait le grand bonheur des élèves.

Ces quelques exemples n'illustrent qu'une parcelle de l'étendue des possibles de ce que constitue le quotidien du bibliothécaire. Malgré la disparité des réalités, les bibliothécaires travaillent selon les mêmes principes, avec les mêmes normes et ils appliquent les mêmes valeurs.

4

Le numérique ou le rêve de la bibliothèque universelle

Le numérique a transformé la pratique de plusieurs professions et celle des bibliothécaires n'est pas en reste. L'idée saugrenue souvent répétée depuis l'avènement du Web selon laquelle les bibliothécaires et les bibliothèques seraient devenus inutiles a fait long feu. La confirmation de l'importance de la bibliothèque comme lieu physique et le développement à une grande vitesse de l'espace numérique documentaire appellent plutôt à un renouveau de la profession et des institutions documentaires.

Le numérique fait émerger une nouvelle bibliothéconomie dans le sillage des bibliothèques numériques. Nous vivons une période de mutation au cours de laquelle tout est remis en question. Avant de traiter des responsabilités et du rôle du bibliothécaire à l'ère numérique, il importe de faire un petit détour sur une notion fondamentale pour tenter de déboulonner le lieu commun qui met en apposition les mots «bibliothèque virtuelle».

Le numérique n'est pas virtuel

On entend souvent parler du numérique comme d'une chose virtuelle ou dématérialisée. Pourtant, la matérialité du numérique est bien réelle. Elle se présente sous la forme de fichiers informatiques comme ceux que nous manipulons tous quotidiennement. Quel que soit le type d'écran (ordinateur, ordiphone, tablette électronique, etc.), ce qui est donné à voir ne correspond en rien au support. Le livre imprimé présente de façon indissociable l'encodage de son contenu (un texte) et son support (un livre imprimé). Quant au numérique, le format d'encodage (format Word, par exemple) et son support de lecture (l'écran) sont distincts : le document peut prendre, à partir d'un même fichier, une multitude de formes pour être donné à voir ou à lire. Il faut encore noter que les notions d'«exemplaire» ou même de «copie» n'ont plus cours, puisque les supports numériques sont multiples et, potentiellement, distribués à l'infini dans l'espace et dans le temps. Dans l'histoire du livre, c'est la première fois qu'un tel phénomène se produit. Pour la première fois, la matérialité à préserver est le fichier et son format d'encodage, qui sont intangibles, et non pas le support.

Cette réalité semble avoir échappé à certains éditeurs qui vendent aux bibliothèques des livres numériques en calquant le modèle économique de l'imprimé. Ils leur vendent «un exemplaire» d'un titre numérique, ce qui implique qu'un seul lecteur à la fois pourra «l'emprunter». Et on a poussé la logique jusqu'à permettre aux lecteurs de «réserver» un livre numérique de façon à l'emprunter lorsque le prêt en cours sera terminé. Pendant ce temps, chacun sait que le fichier du livre en question repose sur le serveur de l'éditeur. Cet exemple démontre la difficulté que certains acteurs de la chaîne du livre peuvent avoir à concevoir et à implanter de nouveaux modes de distribution, et à adapter leurs modèles économiques pour mieux servir leurs clients. Un tel modèle ne tire visiblement pas tous les profits, dans les deux sens du terme, de la matérialité du numérique.

Alors qu'on les qualifie de «virtuels», les documents numériques sont bien réels et physiquement concrets. Des octets servent à les encoder sous différents formats informatiques qui sont stockés dans des fichiers déposés physiquement sur des unités de mémoire. Leur lecture est possible grâce à des équipements informatiques matériels (ordinateur, lecteur de livrels, etc.) et logiciels. Alors d'où nous vient cette impression de virtualité et de dématérialisation? Considérons trois arguments qui peuvent justifier cette perception répandue.

Premièrement, deux protocoles d'Internet portent en leur fonctionnement même une référence à la dématérialisation: TCP/IP (Transmission Control Protocol/Internet Protocol). Ces deux protocoles à la base du mécanisme de transmission des données font qu'un document est fragmenté en plusieurs paquets pour voyager dans le réseau, puis recomposé au point d'arrivée. Plutôt que de dématérialisation, il faudrait parler d'un processus de communication fonctionnellement assimilable à la livraison d'une lettre par la poste.

Les possibilités de réutilisation du texte, de l'image et du son, dès que les objets sont numérisés, peuvent également donner une impression de dématérialisation. En matière de traitement du texte, de l'image et du son, ce qu'il était possible de faire hier à grand-peine et avec des équipements sophistiqués est aujourd'hui à la portée de l'utilisateur lambda. Pensons aux tentatives de reconstitution de l'Histoire par des manipulations analogiques sur des photographies par les régimes soviétique et de la Chine populaire. Retirer ou ajouter un personnage d'une photographie peut se faire maintenant sur n'importe quel ordinateur personnel équipé d'un logiciel de traitement des images.

Troisièmement, cette impression de dématérialisation vient de la difficulté de discerner, en naviguant sur le Web, un livre, un magazine, une encyclopédie, un dictionnaire, du texte mis en ligne il y a quelques minutes par un gamin à l'intention de ses copains. Ces mêmes objets dans l'univers de l'imprimé prennent des formes qui leur sont propres et dont les caractéristiques correspondent souvent à la valeur éditoriale de leur contenu. Un texte écrit par un enfant prend, sur papier, la forme d'une feuille griffonnée, tandis que *Le Grand Robert* se consulte en dix volumes dont la reliure rouge cousue est soignée et le papier de bonne qualité. Un coup d'œil suffit pour les discriminer. Dans le monde numérique, les caractéristiques témoignant de la qualité du traitement sont moins visibles et le résultat n'est pas tangible. Le lecteur au fait des techniques d'édition numérique reconnaît l'utilisation d'un format d'encodage normalisé ou la qualité de la mise en forme (ou mise en écran). En revanche, pour le plus grand nombre, c'est par l'écran et sous la forme de plus d'un million de couleurs mises en lumière sous une surface inerte et plate que tout document numérique est donné à voir.

Le leurre de l'immatérialité ou de la virtualité du numérique peut porter à considérer comme trivial ou sans importance le contrôle des processus et des différentes formes que prennent les publications. Pourtant, leurs enjeux sont grands. Il en va de la numérisation du patrimoine imprimé, de sa préservation et de la constitution d'un bien documentaire commun dans l'espace numérique. Depuis Alexandrie, les bibliothèques sont les institutions auxquelles sont confiées ces missions. Les bibliothécaires de l'ère numérique ajoutent aux responsabilités liées à l'héritage des productions éditoriales du passé celles de leurs contributions à la gestion et à la construction des nouvelles bibliothèques numériques.

Les collections à l'ère numérique

L'augmentation de l'offre numérique, la relative diminution du nombre de prêts pour certaines collections imprimées et la fiabilité de plus en plus grande des dispositifs de préservation à long terme pour les collections numérisées amènent les bibliothécaires à procéder à des programmes d'élagage massif. On entend par élagage le retrait des rayons de livres obsolètes, inutiles ou détériorés, soit pour les offrir à d'autres bibliothèques, soit pour les mettre en vente publiquement à vil prix, soit simplement pour les mettre au recyclage. Le choix des livres à élaguer n'est pas fait à la légère. Les livres rares ou précieux ne sont jamais élagués. L'espace libéré accueille de nouveaux livres ou permet de développer de nouveaux services, par exemple l'augmentation de places assises, la création d'un salon de discussion ou de formation ou l'installation d'équipements informatiques (ordinateurs, numériseurs, etc.).

Les publications numériques restent dans la quasi-totalité des cas sur les serveurs des éditeurs ou des agrégateurs (l'*agrégateur* vend l'accès à une plateforme dont le contenu est constitué de publications de plusieurs éditeurs). Cela marque l'entrée dans l'«âge de l'accès». Il ne s'agit plus de «développer», mais de «gérer» des collections. Pour les acquisitions, assez rapidement, les bibliothèques se sont constituées en consortiums d'achat pour augmenter leur rapport de force avec les éditeurs et les agrégateurs et négocier de meilleurs tarifs d'abonnement. Différents consortiums d'achat sont constitués par les bibliothèques publiques du Québec et par les bibliothèques universitaires du Québec, et un autre comprend toutes les bibliothèques universitaires du Canada. Les bibliothécaires qui contribuent aux travaux de ces consortiums développent une expertise fine en négociation et en gestion de budgets qu'on calcule parfois en millions de dollars. Les bibliothèques universitaires du Québec, pour la seule année 2009-2010, ont consacré plus de 41 millions de dollars à l'achat de ressources numériques sur un budget total d'acquisition (imprimé et numérique) de près de 60 millions de dollars. Le budget annuel du consortium des bibliothèques universitaires canadiennes pour 2011 était de 100 millions de dollars, tandis que le budget total d'acquisition pour l'ensemble des bibliothèques publiques du Québec était de 40,6 millions de dollars en 2010. Force est de constater que les bibliothèques sont des agents économiques de premier plan et en particulier dans la nouvelle économie de l'information numérique.

Outre l'acquisition des sources numériques, les processus d'achat des ouvrages imprimés ont intégré les outils du numérique. S'il est possible encore aux bibliothécaires de faire des choix à l'unité des titres à acquérir, de plus en plus de bibliothèques ont recours à des services spécialisés d'entreprises qui, après avoir défini des «profils» d'achat de livres selon les critères de la politique de développement de la collection, font parvenir automatiquement des livres, prêts à être rangés sur les rayons. L'entreprise sélectionne le livre, assure la préparation matérielle, y compris la pose du code à barres et de l'estampille, transmet automatiquement la notice bibliographique à intégrer dans le catalogue de la bibliothèque et fait parvenir le livre.

Cette façon de procéder libère du temps pour les professionnels et les techniciens des bibliothèques, qui peuvent le consacrer aux autres fonctions qu'entraîne justement l'arrivée du numérique.

Dans la vaste majorité des cas, les objets numériques, sous forme de fichiers, se retrouvent physiquement et matériellement contrôlés par les éditeurs. Les bibliothèques nationales ont la responsabilité cardinale d'assurer la préservation pour toujours des productions éditoriales de leur nation. Elles sont au premier titre concernées par les enjeux de la préservation du numérique. Pour les autres bibliothèques qui ont un rôle de conservation, certes à long terme, mais avec l'objectif de servir leur institution ou leur collectivité, la question de la préservation se pose quand même. Les stratégies pour y arriver ne peuvent faire l'économie, encore une fois, de la collaboration et de l'établissement de partenariats à l'échelle régionale, nationale et internationale.

Deux exemples suffiront pour illustrer les actions qu'entreprennent les bibliothécaires en ce sens. Le premier est celui de la plateforme *Scholars Portal* développée par le consortium des bibliothèques universitaires de l'Ontario, au Canada. Ce modèle consiste à déposer dans une plateforme contrôlée par le consortium tous les documents auxquels les bibliothèques membres sont abonnées. La conception, la réalisation, la gestion et l'entretien d'une telle infrastructure impliquent des investissements considérables. Par ailleurs, cette plateforme évite aux chercheurs d'aller consulter plusieurs sites d'éditeurs ou d'agrégateurs, tout en favorisant l'exploration des publications de chercheurs d'autres disciplines. Le second exemple est la plateforme d'acquisition et de gestion des collections que les bibliothèques publiques du Québec, en collaboration avec Bibliothèque et Archives nationales du Québec, sont à développer. Ce projet assurera aux bibliothèques de conserver, selon des standards de qualité reconnus, les fichiers de tous les livres numériques dont elles feront l'acquisition auprès des éditeurs québécois et internationaux. La différence notable entre ce dernier projet et celui de *Scholars Portal* est que les usagers des bibliothèques publiques n'auront pas accès directement à cette plateforme de conservation. Les fichiers seront conservés «au cas où» les éditeurs de ces documents numériques n'auraient plus la capacité, pour une raison ou une autre, de diffuser les livres achetés par les bibliothèques. Ces deux exemples démontrent bien qu'il est possible pour les bibliothèques de continuer d'assurer leur responsabilité de préservation et de conservation. Le monde numérique impose toutefois de réinventer les façons de faire en profitant des nouvelles possibilités.

En complément aux collections numériques que les bibliothécaires achètent pour leurs usagers, ils participent également au grand chantier de numérisation des patrimoines imprimés. C'est certainement là, pour une ou deux générations de bibliothécaires, une responsabilité tant enthousiasmante que grave de conséquences. Pour donner droit de cité dans le Web à toutes les cultures, les bibliothécaires contribuent à la construction de ces véritables cathédrales du savoir que sont les bibliothèques numériques.

De nouvelles cathédrales du savoir

Pour une bibliothèque, au moins trois modes opératoires, qui ne sont pas mutuellement exclusifs, sont possibles pour procéder à la numérisation d'une collection. Le premier est celui de développer en interne l'expertise nécessaire et d'assurer la mise en œuvre d'un processus de numérisation comprenant la maîtrise des équipements et des logiciels de même que la conception des modèles de données pour gérer les téraoctets produits, préservés et diffusés. Plusieurs bibliothèques retiennent cette option, qui seule assure la mainmise sur les façons de faire et l'expertise, de même que la propriété des collections numérisées pour constituer le bien commun d'une société dans l'espace numérique. Des réseaux de centres d'expertise en numérisation se sont constitués partout dans le monde pour établir des normes, partager de l'information et travailler en collaboration. En Europe, le programme français Gallica ainsi que la plateforme Europeana sont des modèles à plusieurs égards. En Amérique, le programme Internet Archive a constitué un réseau de bibliothèques qui participent au chantier de numérisation. Il faut aussi mentionner le grand historien et directeur de la Bibliothèque de l'Université Harvard, Robert Darnton, qui plaide pour l'établissement d'une bibliothèque nationale numérique pour les États-Unis.

Le deuxième moyen que l'on peut utiliser est de faire appel à la population en général. Dans un tel modèle, les citoyens sont invités à numériser les ouvrages de leur choix ou selon une liste de titres établis et à verser ensuite les documents pour leur diffusion en ligne. Cette façon d'opérer produit des résultats intéressants par le nombre de titres mis en circulation relativement rapidement et à des coûts modestes. Cependant, la qualité de la numérisation est inégale et les standards utilisés en matière d'édition numérique n'assurent pas la préservation à long terme et une utilisation optimale des données. Du point de vue d'une institution, il importe de faire le travail correctement pour ne pas avoir à recommencer. Le projet Gutenberg de l'Américain Michael Hart† est un exemple de ce modèle, comme, au Québec, les Classiques des sciences

sociales de Jean-Marie Tremblay. Il faut toutefois noter
que ces projets occupent une place tout à fait légitime
et existent en complémentarité avec les initiatives
institutionnelles.

Le troisième et dernier modèle est de confier à une
entreprise privée la numérisation des collections. Les
termes des contrats quant aux aspects techniques et à
la propriété intellectuelle peuvent être différents et
doivent faire l'objet d'une très grande attention de la
part du bibliothécaire pour s'assurer de la qualité des
documents et du respect de l'intérêt du bien commun.
Prenons comme illustration quelques éléments du
Projet Bibliothèque de Google Livres.

Les ententes entre Google et les bibliothèques pré-
voient la numérisation de livres dont les fichiers sont
ensuite déposés dans ses infrastructures informatiques auxquelles les détenteurs des droits ou les
bibliothèques n'ont pas accès. Les bibliothèques signataires de contrats de numérisation, en échange de leur
collaboration, reçoivent tout de même un exemplaire
des fichiers des livres numérisés pour consultation par
leurs seuls usagers.

Google détiendra, à terme, le texte intégral d'un
nombre considérable de livres que lui confient les éditeurs et les bibliothécaires. L'enjeu est, à l'«âge de
l'accès», de posséder les formes numérisées des
contenus. Si la propriété intellectuelle des contenus
demeure un actif des éditeurs et des auteurs, les
fichiers numérisés produits par Google sont bien
matériellement la propriété de cette entreprise pour
une période allant le plus souvent de 15 à 25 ans.

Une fois les questions de droit d'auteur précisées,
l'accès aux livres numérisés par Google sera tarifé. Les
individus pourront payer pour avoir accès à un ou à
des livres du fonds. De leur côté, les bibliothèques
achèteront des abonnements institutionnels pour

donner à leurs usagers accès à la Bibliothèque Google, c'est-à-dire aux fonds numérisés des bibliothèques de leurs collègues.

Il est difficile de comprendre comment les bibliothécaires qui ont participé aux discussions avec Google ont pu donner leur aval à ce projet qui remet en cause, à terme, l'existence même des bibliothèques pour les transformer en simple poste budgétaire des universités ou des municipalités. Les bibliothèques signataires permettent à Google de constituer un fonds mondial et multilingue qui lui donne une position sans précédent dans l'histoire du livre et de l'édition. Ces collections sont développées par des bibliothécaires depuis des générations et, dans plusieurs cas, grâce à des investissements publics. Les collections des bibliothèques seront pour la première fois vendues. Les bibliothécaires ont un engagement moral à ne pas disposer à la légère des collections constituées depuis des générations. Or on assiste actuellement à la privatisation d'un bien public.

Abdiquer devant la responsabilité de numérisation et de préservation des collections et la céder à Google peut avoir des effets pernicieux. Certains États pourraient ne pas se sentir concernés par la responsabilité des institutions documentaires à numériser pour le bien commun, puisqu'une entreprise américaine s'en charge.

A priori, il serait tentant de comparer le chantier de numérisation de Google à d'autres moments dans l'histoire du livre. L'exemple de la période de l'introduction de la presse et de la typographie en caractères mobiles est riche d'enseignement. Sous plusieurs aspects, le grand programme d'édition des humanistes rappelle le chantier de numérisation lancé par Google. Dans les deux cas, il s'agit de porter un corpus encodé selon une technologie vers une nouvelle. Du manuscrit à l'imprimé du XVIᵉ siècle, comme de l'imprimé vers le numérique au XXIᵉ, les acteurs de ces grandes conversions ne possédaient pas le corpus d'origine. Comme les éditeurs humanistes qui allaient à la recherche de manuscrits pour en préparer des éditions, Google constitue son fonds à partir de ceux des bibliothèques et des éditeurs de l'imprimé. Il faut aussi reconnaître que, comme Google, les imprimeurs-libraires étaient des entrepreneurs dont l'objectif était le commerce et qu'ils étaient financés par des banquiers et des négociants.

Devant un tel constat, pourquoi craindre les desseins de Google de faire passer dans le monde numérique la production mondiale? Le géant ne fait-il pas un cadeau à l'humanité? On pourrait croire qu'il est dans l'ordre des choses que les grandes entreprises commerciales prennent en charge la conversion vers le numérique des patrimoines et de la production éditoriale.

Il y a pourtant une différence de taille entre la conversion des corpus de la première révolution gutenbergienne et celle de la révolution numérique. Dans le premier cas, les livres sortent dès leur vente du contrôle matériel de l'imprimeur-libraire ou de l'éditeur. Ces livres sont l'objet d'une «acquisition» par leurs acheteurs, dont les bibliothèques. Par ces dernières, les collections de livres se constituent comme biens publics.

Google garde le plein contrôle matériel sur les fichiers des livres numérisés. Sans même acheter les droits d'auteur, le seul fait de posséder et de contrôler sous licence de diffusion la matérialité des fichiers fait de Google le seul groupe à pouvoir indexer et vendre l'accès à ces collections numériques.

Services

Les services offerts en bibliothèque sont aussi en transformation. Avec les mutations en cours qui amènent des changements d'habitudes des lecteurs — ils sont, par la performance des logiciels et la disponibilité de l'information, de plus en plus autonomes dans leur recherche d'information —, force est de constater que la référence traditionnelle au comptoir n'est plus l'expression cardinale de la profession. Le bibliothécaire qui s'enferme dans cette vision risque de voir sa pertinence s'amenuiser, jusqu'à mettre en péril son rôle. Les collections imposent des changements de paradigmes dans leurs traitements et leur gestion. Les services aux publics constituent certainement le secteur d'activités où la redéfinition de la profession de bibliothécaire est le plus marquant. Cette mutation s'opère dans plusieurs champs d'intervention.

Google aidant, un lecteur trouvera nécessairement un document ou une information pour répondre à sa question. Toutefois, s'agit-il de l'information pertinente, juste, validée et répondant réellement à son besoin d'information? Une foule d'informations est disponible gratuitement en ligne. Néanmoins, il existe quantité de publications qu'on désigne comme étant dans le «Web caché» ou le «Web profond», qui sont souvent de meilleure qualité éditoriale. Les expériences personnelles de même que les anecdotes relatées par les professeurs sur les travaux de leurs étudiants témoignent que, depuis que le Web existe, un besoin de formation aux compétences informationnelles s'impose. Dans la continuité de leur rôle dans la culture imprimée, les bibliothécaires participent activement à répondre à ces besoins.

Les façons d'y répondre sont aussi nombreuses qu'originales. Il y a assurément les formations en laboratoire dans les écoles, les collèges et les universités. À ces moyens, qui ont démontré leur efficacité, s'ajoutent d'autres procédés de médiation. La référence par courriel est déjà en opération dans la majorité des bibliothèques, de même que la référence en ligne, par vidéo et par clavardage. Cette dernière est en constante augmentation. Les usagers apprécient beaucoup d'interagir en direct avec un technicien en documentation ou un bibliothécaire. Avec les possibilités qu'offre le réseau, des alliances et des partenariats sont établis entre bibliothèques. Déjà, plusieurs bibliothèques offrent ce service au-delà de leurs heures d'ouverture. On peut rêver qu'un partenariat de bibliothèques de plusieurs continents, sur différents fuseaux horaires, puisse offrir le service de référence en ligne 24 heures sur 24! Il ne s'agit pas d'une vue de l'esprit. Tout est à notre portée pour y arriver.

L'utilisation des réseaux sociaux est un autre mode de médiation utilisé par les bibliothécaires pour offrir leurs services. Là aussi, être à l'écoute des usagers, comprendre leurs modes de communication et d'échange d'information, et connaître leurs habitudes constituent autant de pistes que le bibliothécaire suit pour élaborer les stratégies pour répondre aux besoins d'information de ses publics.

En raison des budgets très importants qui leur sont consacrés et des besoins des usagers à trouver et à consulter les publications numériques, les bibliothécaires développent des plateformes qu'ils intègrent dans leur site Web pour en faciliter l'accès. Il faut bien admettre qu'il y a encore beaucoup à faire pour que ces outils soient satisfaisants. C'est là un autre chantier considérable auquel les bibliothécaires contribuent. Chacun des mots d'une notice et du document lui-même constitue un point d'accès potentiel. Les catalogues, et plus généralement les sites Web des bibliothèques, sont devenus des portes d'accès sur des ressources validées qui nécessitent des investissements financiers considérables pour les collectivités et les institutions. Comme la vaste majorité des lecteurs les consulte sans l'aide d'un employé des bibliothèques, il est crucial que ces outils soient très performants et faciles d'utilisation. Si les informaticiens savent faire quand vient le temps d'écrire le code de ces interfaces, les bibliothécaires, eux, sont les spécialistes de l'organisation des ressources documentaires et aussi des besoins des lecteurs. À ces deux types d'expertise s'ajoutent nécessairement celle des spécialistes en design graphique Web et celle des ergonomes d'interface. Nous avons ici une belle illustration d'un projet dont la réussite passe par une équipe de réalisation multidisciplinaire.

Conclusion

Les responsabilités du bibliothécaire consistent à préserver, à faire fructifier et à diffuser le capital économique, humain et symbolique des bibliothèques pour répondre aux besoins d'information et de culture des membres d'une communauté. Ces responsabilités s'assument dans le temps présent, face à ses concitoyens et à ses contemporains, dans le respect des engagements et des investissements passés de la collectivité et dans le respect du travail des collègues et des prédécesseurs. Elles s'inscrivent dans le temps futur, pour le bénéfice des générations à venir.

Être bibliothécaire, c'est exprimer une loyauté à une nation, à une collectivité, à une institution, à une mission, à une cause. Selon les milieux où il est appelé à pratiquer, le bibliothécaire s'engage à promouvoir et à faire avancer l'éducation, à faire reculer l'illettrisme, à contribuer à faire sauter ou au moins à diminuer les barrières pour accéder aux savoirs et aux connaissances, à diffuser et à faire vivre la culture, la nôtre et toutes les autres, à contribuer à redresser les inégalités. Il met tout en œuvre pour garantir et faciliter l'accès à l'information et à la culture, et faire respecter la liberté d'expression et d'opinion.

Être bibliothécaire, c'est servir l'intérêt du public et du bien commun, et favoriser l'intérêt de la collectivité.

Être bibliothécaire, c'est contribuer au changement en remplissant des rôles éducatif, culturel, civique et social, et en favorisant l'accès à l'information, à son échange et à son partage, tout en luttant contre la pensée unique et les phénomènes d'exclusion.

Être bibliothécaire, c'est porter fièrement son expertise et c'est exercer un leadership dans l'accomplissement de sa mission.

Lectures complémentaires

Association des bibliothécaires de France, *Le métier de biblio-thécaire*, Paris, Électre / Éditions du Cercle de la librairie, 2010 (12e édition), 565 p.

Corporation des bibliothécaires professionnels du Québec, *Charte des droits du lecteur*, 1976. https://cbpq.qc.ca/sites/cbpq.qc.ca/files/fichiers/corporation/Charte.pdf

Corporation des bibliothécaires professionnels du Québec, *Bibliothécaire: passeur de savoirs*, Montréal, Carte blanche, 2009, 202 p. https://cbpq.qc.ca/sites/cbpq.qc.ca/files/fichiers/corporation/40e/livre_40.pdf

Feather, John, *The Information Society: A Study of Continuity and Change*, Londres, Facet Publishing, 2004 (4e édition), 220 p.

Goulet, Jean, *Bibliothèque et Archives nationales du Québec: un siècle d'histoire*, Montréal, Fides, 2009, 357 p.

Lajeunesse, Marcel, *Lecture publique et culture au Québec: XIXe et XXe siècles*, Sainte-Foy, Presses de l'Université du Québec, 2004, 228 p.

Manifeste de l'IFLA / UNESCO sur la bibliothèque publique, 1994. http://archive.ifla.org/VII/s8/unesco/fren.htm

Melot, Michel, *La sagesse du bibliothécaire*, Paris, L'œil neuf, 2004, 109 p.

Salaün, Jean-Michel et Clément Arsenault (dir.), *Introduction aux sciences de l'information*, Montréal, Presses de l'Université de Montréal, 2009, 237 p. (Introduction et chapitre 1 disponibles à http://www.ebsi.umontreal.ca/diffu/livre-intro_sci_info.htm.)

Table des matières

MARQUIS
Marquis imprimeur inc.

Québec, Canada
2012